│우리는 늘 혼자다│

▌우리는 늘 혼자다 ▌

저자 채형복

발행 2012년 2월 27일
교정 높이깊이
편집디자인 편집부
표지디자인 편집부

발행처 높이깊이
발행인 김덕중

출판등록 제4-183호

주소 서울 성동구 성수1가동 22-6 우편번호 133-819
전화 02)463-2023(代) 팩스 02)2285-6244

E-mail djysdj@naver.com

정가 6,000원
ISBN 978-89-7588-235-7

| 시인의 말 |

  시는 기억과 경험, 그리고 느낌의 조각이다. 시인은 그 조각을 주워 모아 시를 짓는다. 시는 모래성과도 같다. 바닷가에서 애써 지은 모래성에게 나 자신의 의지란 부질없다. 모래성은 오직 밀려오고 밀려가는 파도의 지배를 받는다.

  '내가 지은' 시도 그러하다. 나는 시를 짓는 과정을 탐닉했을 뿐 활자화되어 세상에 나오는 순간 '나 자신'이 아니라 파도와도 같은 대중의 지배를 받는다. '나와 내 시'를 기억할 것인가, 아니면 쓸어가버릴 것인가.

  나는 이제 자유다. 성난 군중에게 예수를 넘겨버린 빌라도처럼 나는 두 손을 닦은 수건을 대중에게 던진다.

|차 례|

기다림, 그 이후 • 8
법과 정의 2 • 10
回歸 • 11
저 산너머로 • 12
그 누가 나를 현실 속으로 던졌는가 • 14
또 다시 겨울 • 15
이 겨울, 꿈꾸고 싶습니다. • 16
너를 불렀더니 • 18
꿈 • 19
문득 눈 떠 보니 • 20
반달 • 21
야간열차 • 22
어둠 • 23
잃어버린 시간 • 24
바람 • 26
질경이 • 27
똥 • 28
용소(龍沼) • 30
평범한 당신의 그 모습이 • 31
바람 • 32
지구는 여전히 둥글지 않다 • 34
어둠 • 35

門 • 36
행복한 사람 • 38
29만원 때문에 • 40
떠남 • 43
증오와 평화 • 44
말씀 • 46
벽 • 48
우리는 권리가 있는가 • 50
자유롭게 죽고 싶소 • 53
인욕(忍辱) • 55
외롭기에 사람이다 • 56
바람은 • 58
절대 다 주지 않는다 • 59
절-108배 • 60
하늘 • 62
마나나 • 63
어른은 눈물이 많다 • 64
막다른 골목 앞에서 • 66
욕심을 내는 순간 죽는다 • 68
두려움보다 더 두려운 것은 없다 • 70
너는 아느냐 • 72
무시되어도 좋은 역사는 없다 • 74

추억의 쫀드기 • 76
우연, 그리고 필연 • 77
고집 • 78
詩를 쓰는 이유 • 80
문 • 81
신은 사랑을 모른다 • 82
국가는 실체가 있는가 • 84
죽을 자유 • 86
마더 텅 • 88
우리는 늘 혼자다 • 90
Be the Reds! • 91
공 • 92
여행 • 94
우리는 평생 남의 눈치만 보고 산다 • 96

┃우리는 늘 혼자다┃

기다림, 그 이후

늘 누군가를
무엇인가를 기다립니다.
잔잔히 설레는 가슴으로
상기된 얼굴로
한순간 하루를 지냅니다.
책을 보다가도
망연히 창 아래를
지나가는 사람들과
차들을 봅니다.
기다리는 사람도 없습니다.
그저 보기만 합니다.
파란 하늘에
뭉게구름 한 점,
이름 모를 새 한 마리라도 보았으면 하지만
새장처럼 둘러선 아파트에선
인간만이 새처럼 살 뿐
그 흔한 종달새나 참새 한 마리도
깃들지 않습니다, 보이지 않습니다.

오후 여섯 시.
남편 대신 일하러 나간 아내가
놀 친구 없어 어린이집에 가 있던 아들이
기다림에 절어있는
내 품으로 돌아옵니다.
더이상 창밖을 보지 않습니다.
하늘도
새들도 기다리지 않습니다.
기다림에 지친 내 가슴에
다만
위스키 한잔을 붓습니다.
취하고 싶습니다.
울고 싶습니다.

법과 정의 2

정의는
어머니의 가슴입니다.
법과 질서는
아기처럼 자라납니다.

정의가 잣대라면
법은 칼이어야 합니다.
정의가 물이라면
물을 담는 그릇은 법이어야 합니다.

법은 연인처럼 살지만
정의는 어버이처럼 삽니다.
길입니다.
생명입니다.

그래서
법은 천 갈래 만 갈래 흘러오지만
정의의 수원(水源)은 오직
한곳뿐입니다.

回歸

너에게 뭐라고 했던가,
머무르지 말라고
집착하지 말라고.
愛憎도
貪慾도
다 버리라 했거늘.
가지고자 하는 네 마음이
쉼 없이 추구하고자 하는 너의 마음이
너를 또다시 이곳에 오게 히였구니.

떠나야 하리.
마치 뫼비우스의 띠와 같은 生을 살지언정
떠나야 하는 것을.
다시 떠나기 위해 돌아와야 하는 것을.
너에게 다시 한번 말하리.
버릴 것-너의 虛와 實을.
떠날 것-더 크나큰 回歸를 위해.
가라,
지친 너의 날개가 새 힘으로 퍼덕일 때까지.

저 산너머로

저 산 너머로
가고 싶다.
심장의 피란 피
다 쏟으며
뒹굴고 싶다.
절규하고 싶다.
듣는 이 없어도
가까이할 이 없어도
나 홀로 좋아라.

저 산 너머로
가고 싶다.
훨훨 새처럼
물처럼
날아 가고파
흘러 가고파
반기는 이 없어도
반길 이 없어도
나 홀로 좋아라.

저 산 너머로
나는 가련다.
두둥실 구름 타고
바람 타고
내 흥에 겨워
절로 즐거워
알지 못하는
알 수 없는
내 마음의 고향으로.

그 누가 나를 현실 속으로 던졌는가

그 누가 나를 현실 속으로 던졌는가?
나는 늘 그 자리에 머물러만 있는데
그들은 나를 둘러서서 바라만 보다가
스쳐지나 버린다.
생각이 많아서인지
소심해져서인지
머뭇머뭇하다가는
그들을 놓쳐버리고
난 또다시 홀로 그 자리에 서 있다.

또 다시 겨울

빈 가슴 속으로
마른 잎새 하나
'텅' 떨어진다.

발아래를 스쳐
갈라지는
인생의 흔적들

설움이 차오른다.

수없이 거듭된
오늘

다음의 오늘마저도
이렇게
서러울 것인가.

이 겨울, 꿈꾸고 싶습니다.

이 겨울
눈이
하얗게
내린
날
빠알간
꿈을
꾸고 싶습니다.

그 꿈
흩어져
석류알처럼
알알이
하얀
눈
속에
박히고 싶습니다.

그 꿈과
내가
하나 되어
하얀
겨울에
또다시
붉은 꿈을
꾸고 싶습니다.

너를 불렀더니

너를 불렀더니
메아리만 돌아오고
너를 찾았더니
허공을 보라는구나.

메아리 이미 사라지고
허공은 산산이 쪼개져
또다시 고요뿐이거늘
어디서 또 너를 찾을까.

답답한 가슴 열고
긴 한숨 내 뿜어보지만
너는 소리도
모습도 드러내지 않는구나.

너를 불러
혹여 뒤돌아보고
너를 찾아
또 한 번 허공을 본다.

꿈

그림을 그린다.
생각이 일어나
생각을 그리고
생각이 머문 곳에
꿈을 그린다.

그림을 그린다.
마음이 일어나
마음을 그리고
마음이 다한 곳에
꿈도 없다.

문득 눈 떠 보니

봄기운에 겨워
곤히 봄 잠을 자다가
문득 눈 떠 보니
허공이 파랗다!
빈 허공에 흐드러진 봄꽃처럼
흩뿌려진 파란 물감
속으로 유영한다.
나는 파란 물고기가 된다.

숨차올 듯 더위가 싫어
건천(乾川) 냇가에 발 담그고
문득 눈 떠 보니
허공이 빨갛다!
빈 허공에 불타는 태양처럼
이글 이는 빨간 물감
속으로 빨려든다.
나는 빨간 물고기가 된다.

반달

난 조금씩 줄어들고 있다오.

내가 세상 가득 찬 온달이었을 때
맛본
충일감, 그때부터
내 삶은 부족을 알았다오.

삶이란 비워내는 것이라오.

난 조금씩 늘어나고 있다오.

내가 세상 가득 찬 어둠이었을 때
맛본
상실감, 그때부터
내 삶은 성취를 알았다오.

삶이란 채워가는 것이라오.

야간열차

누나,
내 등 떠밀지 마.
난 달리고 싶지 않아.
운명처럼 정해진 궤도 위를
왜 이렇게 달려야 하지?
원하는 곳, 어디든지
원할 땐, 언제든지
난 스스로 달리고 싶어.

누나,
내 등 떠밀지 마.
난 달리고 싶지 않아.
멈추어 선 이 정거장에서
이대로 머물고 싶어.
원하는 곳, 어디든지
원할 땐, 언제든지
난 스스로 멈추고 싶어.

어둠

어둠은
어둠 속에서
그를 본다.

어둠은 어둠의 색과
느낌으로
그를 본다.

그가
나를
본다.

잃어버린 시간

며칠 전
전화를 받았다.

"형복이가? 말 놔도 되는가 모르겠네."

남자도 아닌 여자
투박한 경상도 사투리의
중년 여인-고향 마실 친구였다.

경란!

그리 친하지도 기억 속에
그 얼굴도 이름도 남아 있지 않던
동무

부럽고 부끄럽다.
수십 년의 세월을 거슬러
옛 친구를 찾는 그 순정과 열정이

차가운 이성으로 현실만 바라보고 있는
내 모습과 비정한 가슴이

잠깐의 회한

난 또다시 도망한다.
나만의 울타리 속으로
하릴없는 시간 속으로
허접스런 글 속으로

잃어버린 시간은
내 속에서만 살아나
숨 쉰다.

닫혀버린 自由-人
오늘도
홀로 흘러간다.
잃어버린 시간 속으로.

바람

바람의 始原은
어머니의 자궁이다.

어두움은 꿈이 되고
그 꿈은 바람이 된다.

꿈으로 태어나
바람처럼 살고

꿈으로 늙어
바람처럼 사라져 간다.

바람으로 돌아와 누운 자리는
어머니의 자궁이다.

어머니의 자궁 속에는
늘 始原의 바람이 분다.

질경이

굳은 땅 뿌리 내린
인고의 세월 서러워

목숨이 질기다고
질경이

삶이 질기다고
질경이

날 밟지 마.
나도 아파.

똥

똥을 누고는
꼼꼼히 살핀다.
매일 아침
변기에 고개를 처박고
행하는
그 성스런 작업을
아내는
이해하지 못한다.
똥을 살피는 일은
나를 살피는 것이다.
왜 우리는
'자아성찰'을 해야 한다면서도
내면 속에서
잉태되어
세상에 태어난
똥은 살피지 않는가?
똥을 살피지 않는 것은
나를 살피지 않는 것이다.

똥을 버리는 것은
나를 버리는 것이다.
똥을 떠나
어디서
나를 찾으려는가?

용소(龍沼)*

전설이
바람으로 돌아와
구름으로 내려앉은 자리
가슴 시리도록
차가운 열정
천 년을 거슬러
용의 꿈이 되었나?

---
* 용소(龍沼)란 폭포수가 떨어지는 바로 밑에 있는 깊은 웅덩이를 말한다.

평범한 당신의 그 모습이

1월의 어느 늦은 밤
어두운 골목길 어귀에서
꺼이- 꺼이- 울음소리가 납니다.
메마른 몸매를 한 중년 사내입니다.
한겨울의 찬바람은 살갗을 에이는 데
사내는 선 채로 꺼이- 꺼이- 속울음을 토해냅니다.
아내와 자식 앞에서는
차마 못난 모습 보이기 싫어서일까요?
그 모습 측은하여
꼭 껴안아 주고 싶습니다.
말없이 등이라도 토닥여주고 싶습니다.
하지만 그마저도 마음의 상처가 될까 봐
그저 바라만 봅니다.
헤이, 울보 아저씨!
아시나요?
평범한 당신의 그 모습이
참 아름답습니다.

바람

나를 떠나고 싶을 때
나는
바람이 된다.
회한의 바람이 되고
욕망의 바람이 된다.

나를 향한 비난의 바람이
독화살처럼
가슴에 꽂힐 때
나는
바람이 된다.

세상을 향한 분노의 바람이
들불처럼
온몸을 태울 때
나는
바람이 된다.

본래
나도
바람도
시작 없이 시작되고
끝도 없이 끝난다.

나도
바람도
존재하지 않는다.

지구는 여전히 둥글지 않다

"지구는 둥글다!"
갈릴레오가 말하기 이전부터
사실
지구는 둥글지 않았다.
사람들은
네모난 집에서
네모난 사랑을 하고
네모난 생각을 했다.
하늘은
너무 넓었고
태양은
바라볼 수 없었다.
사람들의 잘못은
네모난 집에서
네모난 사랑을 하고
네모난 생각을 한 것
-오직 그것뿐.
지구는 여전히 둥글지 않다.

어둠

어둠 속에서는
막연히
두렵다.
빛에 익숙한
눈은
어둠을 보지 못하고
인공의 소리에 익숙한
귀는
어둠의 소리를 듣지 못한다.
어둠도
나름의 빛이 있고
소리가 있다.
어둠은
두렵지 않다.
다만
듣지도
보지도 못하는
마음이 두렵다.

門

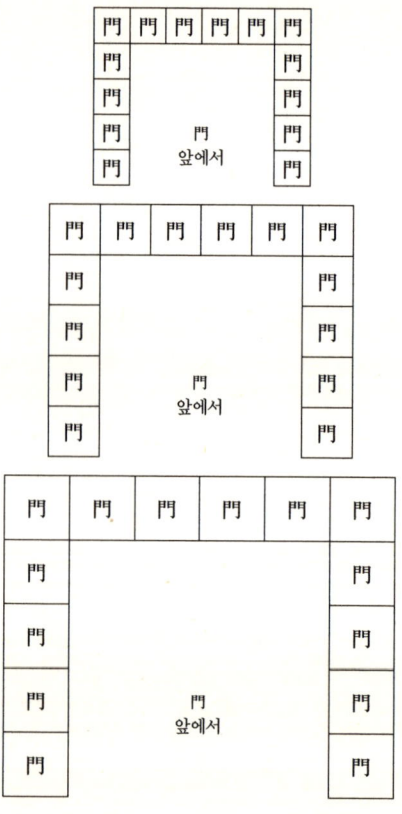

門	門	門	門	門	門
門					門
門					門
門		서성이다.			門
門					門

행복한 사람

'행복전도사'라 부르던
최윤희 그녀가
영화 속의 이야기처럼
스스로 목숨을 버렸다.
행복하기를 원했는가
행복했을까

이름없는 모텔에서
유서 한 장만을 남겼다.

아내의 선택을 존중했음인가
최윤희 그녀의 남편은
아내를 보내고
자신도 목을 매었다.
이승에서 맺은 부부의 인연을
저승에서도 잇고자 함인가

부부는
죽음으로 영겁의 삶을 잇는다.

'자살'을 반대로 말하면
'살자'가 된다며
죽지 말라고
죽지 말자고
행복하다고
행복하자고

최윤희는
행복전도사가 되었다.

700가지 고통을 겪는
아내를
홀로 보낼 수 없었을까.
최윤희의 남편은
아내와 함께
행복전도사가 되었다.

최윤희와 남편은
행복한 사람들이다.

29만원 때문에

옛날 옛적
그리 멀지 않은 옛적에
대머리 각하가 계셨다.
구국의 일념으로
결행한 쿠데타로
국권을 장악하셨다.
"성공한 쿠데타는 법적인 판단의 대상이 아니다."라는
판결은
우리 사법사에 길이 남을 명언일지니….
길거리의 부랑배를 소탕하고
신체를 모질게 단련시켜
정신을 순화시킬 목적으로
'삼청교육대'를 만드셨다.
무고한 시민을 빨갱이로 몰아
특전대를 투입하여
군사작전의 전범(典範)을 보이셨다.
퇴임 후에는 민초들의 뜻을 받들어
"가진 재산은 국가를 위해 헌납하겠다"

공언하시고는
스스로 백담사로 유배를 가시기도 하셨다.
각하는
대통령 재임 중
정치의 활성화에도 모범(模範)을 보이셨다.
조성한 자금이
물경 1조 원
그 많은 돈 모두 정치자금으로 써버리고
남은 돈 달랑 29만 원
각하는 여전히 연희동 대저택에서
고급승용차 타시고
경호원 거느리고
왕처럼 군림하신다.
어느 날부터 대통령도
'대통령님'이라 불리는데
대머리각하는 여전히
'대통령 각하'.
각하께서 총리에게
훈수까지 두셨다.

"총리는 너무 법을 따르면 일을 못해."
법치국가에서
법을 초월한 각하가 가진 재산은
달랑 29만 원.
그 29만 원 때문에
법이 유린당하고
정치가 조롱당하고
민주주의가 능욕당한다.
그 29만 원 때문에
이 땅의 역사가 죽고
백성이 죽는다.
법이 죽고
정의가 죽는다.
그놈의 29만 원 때문에.

떠남

어느 날
떠났다.
가는 길
바람이 물었다.
  당신은 왜 떠났지요?
  그냥….
실없는 질문과
대답
바람은 떠났다.
나도
바람 부는 대로
떠났다.
그냥.

증오와 평화

그날
작은 섬 연평에 포격이 있었다.
어린 병사 두 명과 시민 두 명이
죽었다.
포탄은 감정이 없었으되
사격 명령을 내린 자들은
증오를 품었을 터
왜?
이유는?
묻는 것은 순진하다.
사람들은 섬을 떠났고
비장한 얼굴을 한 대통령은
응징과 보복을 천명한다.
세상은 증오와 징벌의 목소리로 가득하고
증오에는 증오로
징벌에는 징벌로
세상은 하나의 목소리만을 원할 뿐
다른 목소리를 용납하지 않는다.

오늘
작은 새는 꿈을 꾼다.
어린 병사 두 명과 시민 두 명이
되살아나는….
포탄은 감정이 없었으되
사격 명령을 내린 자들은
평화를 품었을 터
왜?
어떻게?
묻는 것은 당연하다.
사람들은 섬으로 되돌아오고
선량한 얼굴을 한 대통령은
화해와 평화를 천명한다.
세상은 화해와 평화의 목소리로 가득하다.
증오에는 화해로
징벌에는 평화로
증오 속에서 화해를 꿈꾸고
징벌 속에서 평화를 구현하는
그런 세상이 우월하다.

말씀

- 태초에 말씀이 있었다.

세상은
그렇게
말씀으로 시작되었다.

어둠의 혼돈과
빛의 순수는
말씀으로 제자리를 찾았다.

그는
말씀으로
영겁의 절대자가 되었다.

말씀 이후
어둠은 죽었는가?

말씀 이후
빛은 살았는가?

말씀 이전
어둠도
다채로운 빛이었다.

벽

인간이 태어나는 순간
처음 만나는 것은
부모가 아니라
벽입니다.
부모는 인연을 이유로
자식을 보호하지만
진실을 말하면
인간은 벽의 보호를 받습니다.
벽 속에서 인간은
자신이 안전하고 편안하다고 느낍니다.
어느 순간
벽은 인간의 수호신이 되고 맙니다.
인간은
죽는 순간까지도
신을 부르며 영생을 구합니다.
신의 구원을 받았다고 생각한 인간은
행복한 얼굴로 죽어갑니다.

하지만 인간은 알고 있을까요?
자신이 신의 품이 아니라
사실은
벽 속에서 태어나
자라고
죽어간다는 것을….

우리는 권리가 있는가

200만 마리의
소와 돼지, 그리고 닭이
땅에 묻혔다.
살처분 되었다.
그저 죽여 '처분'되었을 뿐
그들의 죽음에는 슬픔도 없다.

그들의 생명은 숫자로 표시된다.
그 숫자는
인간을 헤아리는
'몇 명'이 아니라 '몇 마리'로 표시된다.

누구의 잘못인가?
- '누구'라는 표현도 실상
인간을 가리키는 것일 뿐
'그들'은 책임을 질 대상도, 주체도 아니다.
그들의 권리란
인간이 부여한 법률 속에서 존재한다.

그나마 그 법률을 해석하고 적용하는 것은
인간이다.
그들은 삶의 주체가 아니다.

그들은 존재하지 않는가?
그들은 소리칠 수 없는가?
그들은 영원히 인간의 지배를 받아야 하는가?
그들은….

자식처럼 소를 기르던 농부의 아내가 울면서 말한다.
- 수의사들이 하얀 옷을 입고 들어서니 소들이 모두 긴장을 했습니다. 마취제를 맞고 하나 둘 쓰러지는데, 제 자식인 송아지가 마취제를 맞고 쓰러지는 모습을 본 어미 소가 그만 그 자리에서 콱 죽어버리데요. 제 자식이 죽는 모습을 보고 마취제를 맞지도 않은 그 어미 소가 그만 콱 죽어버린거라요.

인간의 말을 하지 못한다고
두 손 두 발이 땅을 향하고 있다고
인간을 향한 원망마저 없을쏜가.
구제역 바이러스는 바람을 타고
유령처럼 하늘을 떠돌고
오늘도 인간인 우리는
하얀 옷을 입고
하얀 약이나 뿌려댄다.
그러다 유령에 홀린 듯
소와 돼지, 그리고 닭들을 몰아
구덩이로 몰고 간다.
그게 인간인 우리가 그들을 대하는 유일한 방식이다.
'인간적'이지 못한 인간이 취하는
가장 '인간적'인 방식이 그들을 산 채로 파묻는 것이다.

자유롭게 죽고 싶소

1990년대 중반 어느 겨울날
프랑스 파리
그 해 들어 가장 추운 날이었다.
길거리 여기저기에는
합판지를 깔고
담요를 덮어쓴
노숙자(sans-abri 상자브리)들이 누워 있었다.
공무원들은 마음이 바빴다.
부족한 복지시설을 대신하여
운행하지 않는 객차(客車)를 마련했다.
여기저기 널브러져 있는 노숙자들에게
시설이나 객차로 갈 것을 권유했다.
일부는 부스스 일어나 공무원들을 따랐지만
일부는 움직일 기미를 보이지 않았다.
기자가 어느 노숙자에게 물었다.
- 왜 복지시설로 들어가지 않나요?
- 거기는 통제가 심해요.
씻어라, 옷 갈아입어라, 제시간에 일어나라.

- 하지만 여기 있으면 위험해요.
  오늘은 너무 추운 날씨에요.
- 통제를 받느니 차라리 자유롭게 죽고 싶소.
그렇게 말하고 그 노숙자는 담요를 뒤집어썼다.
다음 날 아침 뉴스에서
기자는 비통한 얼굴로 소식을 전했다.
그 노숙자는 혹한으로 얼어 죽고 말았다고.

인욕(忍辱)

스스로 즐거움을 버릴 수 있는가.
욕됨을 참을 수 있는가.
분노를 일으키지 않고
如如한 마음을 가질 수 있는가.
스스로 즐거움을 버리기는
욕됨을 참는 것보다 쉽고
욕됨을 참는 것은
분노를 일으키지 않는 것보다 쉽다.
사람이 분노를 일으키지 않고
如如한 마음을 가지기란
낙숫물이 바위에 구멍을 뚫는 것보다 어렵다.
如如하여 스스로 즐겁고
욕됨을 참을 수 있는가.
분노하지 않을 수 있는가.
인욕은 해탈(解脫)보다 어렵다.

외롭기에 사람이다

카페이름은 '아베크 누 avec nous'
- 우리와 함께!
내 옆에는 아무도 없다.
너도
그도
우리는 없다.
우습지 아니한가.
카페이름은 '아베크 누 avec nous'
- 우리와 함께!

그 속에서 홀로 있다니
외롭다니

카페이름은 '아베크 누 avec nous'
- 우리와 함께!
내 옆에는 아무도 없다.
애인도
친구도
우리는 없다.
우습지 아니한가.
카페이름은 '아베크 누 avec nous'
- 우리와 함께!

나는 홀로 시를 쓴다.
외롭기에 사람이다.

바람은

바람은
솔개에게 날개를 주었다.
바람은
나무에게 소리를 주었다.
바람은
구름에게 자유를 주었다.
바람은
우리에게 영혼을 주었다.

솔개는
바람에게 날개를 주었다.
나무는
바람에게 소리를 주었다.
구름은
바람에게 자유를 주었다.
우리는
바람에게 영혼을 주었다.

절대 다 주지 않는다

사람들은 욕심도 많다.
부자 부모를 만나고
능력 있는 배우자와 결혼하여
재주 있는 자식을 두고 싶어 한다.
태어나 늙어 죽을 때까지
아프지 않고
늘 행복해지고 싶어 한다.
아무런 근심 없이
고고한 학처럼 살고 싶어 한다.

하늘은 공평하다.
눈물 날 만큼 공평하다.
원한다고 다 가질 수 있을까.
사람들이 욕심을 낸다고
하늘은
절대 다 주지 않는다.
한두 가지는 모자란 듯 준다.
사람들이 겸손해하고 기도하는 이유는
부족하기 때문이다.

절-108배

두 손으로 땅을 짚지 않고
두 발로 걸을 때부터
인간은 만족을 모르는
동물이 되고 말았다.
두 손은 더 이상
땅을 지향하지 않는다.
두 발을 제외한
모든 신체는
하늘을 향한다.
하늘에 빌고
하늘에서 구한다.
인간에게 땅은
잊어버린
버려도 좋은
과거일 뿐이다.

교만은 불만족의 다른 이름이다.
아무리 먹어도 배고픈

아무리 채워도 부족한
욕망 속에
켜켜이 쌓인
전생의 업연(業緣).

108배
절을 한다.
절은
아버지인 하늘을 버리고
어머니인 땅을 향하는 행위다.
교만을 버리고
몸과 마음을 낮추는 행위다.
절은
땅에 대한 경배.
나를 제물로 바치는
신성한 제사.
내가 바친 피 속에서
어머니인 땅이 부활한다.

하늘

우리를
이 땅에
내리고 키우며 거두는 것은
하늘이다.
나이가 들면서
숙연해지고 겸손해지는 것은
의도한 대로 이룰 수 있는 일이
많지 않음을 알기 때문이다.
우리가
하늘을
두려워하는 이유는
살아온 삶이 부끄럽기 때문이다.

마냐나

마냐나!*

스페인에는
오늘이 없다.
내일이 있을
뿐.

Just Do It!

스페인은 묻는다.
왜
지금 해야 하지?

마냐나!

오늘 할 일을
남겨두라.
내일을 위해.

---

* 마냐나(Manāna)-스페인어로 내일이란 뜻

어른은 눈물이 많다

남자는 일생에 세 번 운다는
관념 탓일까
남의 이목을 의식한
체면 탓일까
남자는 강해야 한다는
자존심 탓일까
투명한 눈물은 덕지덕지 채색되어 있다.

애절한 사연을 담은
드라마를 보면서도
진한 감동을 주는
영화를 보면서도
북받쳐 오르는 감성을 추스르며
애써 눈물을 참는다.
남자이기에
강해 보여야 하기에.

마흔 고개를 넘으면서
슬픔은 그대로 슬픔이 되고
기쁨도 그대로 기쁨이 된다.
슬픔은 그대로 눈물이 되고
기쁨도 그대로 눈물이 된다.
강해야 한다
남자여야 한다는 관념은 부질없다.
울고 싶으면 울고
웃고 싶으면 웃는다.

어른은 눈물도 많고
웃음도 많다.

막다른 골목 앞에서

비가 내립니다.
추적추적 겨울비가 내립니다.
젊은이가 울고 있습니다.
막다른 골목입니다.
꺼억 꺼억
가슴에서 끓어오른 울음은
빗물 속으로 스며듭니다.

바람이 붑니다.
휘잉 휘잉 겨울바람이 붑니다.
젊은이가 울고 있습니다.
막다른 골목입니다.
꺼억 꺼억
가슴에서 끓어오른 울음은
바람 속으로 사라집니다.

그를 안습니다.
말없이 그를 꼭 안아줍니다.
울음이 그칠 때까지
등을 토닥여 줍니다.
인생이란 그런 것이라고
힘들더라도 참아야 한다고
말없이 가슴으로 말합니다.

젊을 때는
누구나 아픕니다.
젊기 때문에
아파하고 실컷 울 수 있습니다.
그리고 이내 깨닫게 됩니다.
막다른 골목이 곧
나를 살리는 숨구멍이라는 것을.

욕심을 내는 순간 죽는다

안과에 갔더니
의사 양반이 말한다.
노안이라고
녹내장 소견이라고
무리하게 책을 보지 말라고
실명할 수도 있다고
그 말에 내내 침울하였다.
학자에게 눈은 생명보다 귀하다.
흐린 눈으로
어찌 책을 읽을 수 있는가
어찌 논문을 쓸 수 있는가
어찌 강의 준비를 할 수 있는가
낙담하였다.
평소에는 눈이 소중한 줄을 모른다.
인생의 욕망을 위해
눈은 얼마나 혹사당했던가.
잃어버릴 수도 있다는 경고를 받고서야
고맙다, 고맙다, 정말 고맙다

눈에게 감사한다.
이제는 욕심을 버려야 할 때라고
욕심을 내는 순간 죽는다고
눈은 소리 없이 가르침을 준다.
우리는 왜 절박한 때를 당해서야
깨우침을 얻는가.

두려움보다 더 두려운 것은 없다

앞만 보고 치달렸다.
인생은 치열했고
최선을 다했다고 여겼다.
젊은 날 가졌던
순수한 열정과 이상은
현실의 욕망으로 용해되어 버렸다.
가진 만큼 버려야 한다고
입버릇처럼 되뇌었지만
그 마음은 잠시
모든 것을 잃을지도 모른다는
두려움에 압도당하곤 했다.
하여 가진 것을 놓지 못하고
거식증 환자처럼
먹고 게우기를 반복했다.

욕망은 맹목적이다.
먹어도 먹어도 채워지지 않는 욕망은
절망이 된다.
살고자 버둥거릴수록 더 깊은 수렁으로 빠져들 듯

버리지 못하고 가지고자 버둥거릴수록
욕망의 수렁에서 헤어날 수 없다.

두렵기에 욕망하고
욕망하기에 두렵다.

하늘은
시작도 없고 끝도 없다.
그 하늘을 향한 우리의 기도는
끝을 모르고 벌이는 제전(祭典)이다.
우리의 욕망을 속죄하기 위해
순결한 양들이 봉헌된다.
양들이 흘린 피는
아벨의 피가 되고
예수의 피가 된다.
피는 두렵다.
두려움에 절은 빵과 포도주에 취한 우리는
모두 거룩한 순교자가 된다.
순교자의 행렬은 거미 떼처럼 이어지고
앞에서 일어난 일을 뒤에서는 알지 못한다.

두려움보다 더 두려운 것은 없다.

너는 아느냐

유학 시절
수업 중 쉬는 시간
나보다 열 살은 어린 친구에게 푸념했다.
프랑스인들은 왜 한국에 대해 무지하냐고
88올림픽을 치른 나라요
세계 10대 경제 대국인데
사뭇 비장한 어조로 물었다.
심각한 얼굴로 듣고 있던 어린 친구가 되물었다.
너는 아프리카의 약소국들에 대해 아느냐
그들이 흘리는 피와 눈물의 의미를 아느냐
제 형과 같은 내게 되물었다.
당시 소말리아에서는 내전이 있었다.
수십 수백만의 실향민들이 난민으로 떠돌고 있었고
살인과 강간, 방화로 연약한 노인과 여인, 그리고 아이들이
죽어갔다.

자신과 한국이란 조국에만 집착한 나는
부끄럽게도 소말리아에서 일어난 일에는 무지하였다.
나는 평화로운 국제질서를 꿈꾸는 국제법학도였고,
분열과 갈등을 넘어선 통합을 이룩한 유럽공동체법을 공부
하는 통합론자였다.
자성과 체험을 거치지 않고
관념에만 사로잡힌 지식의 무력감.
관념에 사로잡힌 지식과 지식인은 위험하다.
20여 년의 세월이 흐른 지금노
어린 친구가 나를 준엄하게 질책하는 꿈을 꾸곤 한다.
너는 아프리카의 약소국들에 대해 아느냐
그들이 흘리는 피와 눈물의 의미를 아느냐
어린 친구의 질책은
여전히 무섭다.

무시되어도 좋은 역사는 없다

강하지 않으면 살아남을 수 없다고
역사는 강한 자들의 것이라고
교과서 속의 역사는
온통 힘자랑 일색이다.
주권재민(主權在民)
- 모든 권력은 국민에게서 나온다고
가난뱅이, 술주정뱅이, 장돌뱅이,
힘없고 가난한 민초들이 이 땅의 주인이다.
누가 주인이고-주인이어야 하고
누가 종복(從僕)이고-종복이어야 하는지를
대한민국 헌법은 엄숙하게 선언하고 있다.
종복인 자가 주인을 섬기지 않고
군림하는 이 형국을 어찌 해야 할까.
종복인 자가 주인을 길거리로 몰아내고
목숨마저 던지게 만드는 이 형국을 어찌해야 할까.
법치(法治)는 족쇄가 되어 민초들의 목을 옭죄고 있다.
존엄하지 않은 존재가 어디 있는가.

그 존재의 근본은 힘없고 가난한 민초들이다.
역사는 그들의 눈물로 씌어진 성스런 기록이다.
역사가 어찌 강자들만의 것이랴.
대한민국 민주주의의 역사는 새롭게 씌어져야 한다.
역사는 민초들의 것이라고.
무시되어도 좋은 역사는 없다고.

추억의 쫀드기

수업을 마치고 책을 덮는데
여학생 하나가 수줍은 듯 뭔가를 내밀고는
후다닥 도망간다.
"그래, 고맙다"하고 살펴보니
비닐로 포장된
새우빛깔의 쫀드기 하나.
쪽 쪽 찢어먹던
쫀드기
연탄불에 고들고들 구워먹던
쫀드기
먹을 게 부족했던 어린 시절
쫀드기 하나가 주던
행복감
그것을 바라보며 젖어드는
추억
쫀드기 하나로
피로한 오후가 즐겁다.

우연, 그리고 필연

비가 내린다.
비를 맞는다.
우연히.
칠흑 같은 어둠 속에서도
비는 색깔이 있다.
그 비를 본다.
비는 하얗다.
비가 낯설지 않다.

그를 만난다.
붐비는 길거리에서
우연히.
밀려 오가는 인파 속에서도
사람은 고유한 색깔이 있다.
그를 본다.
그는 색깔이 없다.
그런 그가 낯설지 않다.

고집

헛간에 켜켜이 먼지 쌓이듯
나이만큼 고집도 쌓여간다.
경륜이니 연륜이니
가치관이니 소신이니
미사여구로 덧칠을 하지만
모두 고집의 다른 말이다.

버리고 닦아도 먼지 쌓이듯
나이 따라 고집도 쌓여간다.
생각의 흐름이 막혀
고집이 된다.
고집은 견고한 철옹성이 된다.
단절은 고집의 또 다른 말이다.

우리는
고집불통의 고독한 군주다.
단절 속에서 평안을 구하고
자유를 꿈꾼다.
그대 이제
죽음을 넘어선 안식을 얻었는가?

詩를 쓰는 이유

詩人이 아니라서
詩를 쓴다.
詩를 모르기 때문에
詩를 쓴다.
詩를 쓸 때마다
詩人이 아닌 게
시를 모르는 게
다행이라 생각한다.
詩人이므로
詩를 알기 때문에
고민해야 하는 고통 없이
마음 가는 대로 쓴다.
내가 쓰는 詩는
詩가 아닌 詩다.

문

문을 열면
또 문이 있다.
문을 닫아도
또 문이 있다.
나는 열지만
문은 닫히고
나는 닫지만
문은 열린다.
나와 문은
서로 열리고
닫힌다.

신은 사랑을 모른다

신은
사랑을 모른다.
아픔도
절망도
기쁨도
노래도
모르는 존재가
어찌
사랑을 알겠는가.

신은
사랑을 모른다.
뜨거운 피와
육체로
죽음을 넘어선
사랑에
목숨을 던진 적도 없는 존재가
어찌
사랑을 알겠는가.

사랑을 모르는 신을
경멸하라.
그 신을 숭배한
자신을 경멸하라.
신 앞에 기도하고
헌금하는 것만으로
자신의 비정을 면죄하려 한
자신을 경멸하라.

경멸하지 않고
신을 사랑할 수 있는가.
경멸하지 않고
자신을 사랑할 수 있는가.
경멸은
신의 다른 이름이요
사랑의 다른 이름이다.
그리고 그대 자신.

국가는 실체가 있는가

국가는 실체가 있는가.

국제법 수업 첫 시간에
학생들에게 묻는다.

...

대답이 없다.

실체도 없는 국가에게 왜 복종하는가.

...

대답이 없다.

주권재민-모든 권력은 백성에게서 나온다.
그렇지 않은가.
주인인 백성이 왜 종복인 국가에게 굴복해야 하는가.

…

대답이 없다.

국제법은
실체도 없는
유령들이 벌이는 축제의 場인가.

죽을 자유

자유에는
두 가지 예외가 있다.

태어날 자유가 있는가.

정말 태어나고 싶었는지
왜 태어났는지
나는 모른다.

어느 날
나는 태어났고
부모를 만났다.

태어날 자유는 없었다.

죽을 자유가 있는가.

있다.

그러나 죽을 자유는
도덕적, 윤리적, 종교적, 법적 이유로
중층적으로 억압된다.

죽고 싶을 때
죽음을 선택하는 것은
존엄하지 않은 행위인가.

자유롭게 죽는 것은
인간으로서
나를 위한
마지막 권리를 행사하는 것이다.

그것이 자유다.

마더 텅

불어선생은 다분히 백인우월주의자였다.
서른의 나이에 불어를 배우는 내가
어려운 발음을 하느라 혀를 꼬아 발음할 때면
묘하게 흘리는 입가의 웃음-그것은 비웃음이었다.
한국의 불문학교수들은 불어를 하지 못한다며?
은근히 자존심을 뭉개는 질문을 했다.

1992년 1월의 프랑스 북부도시 브장송의 날씨는 추웠다.
낯선 음식과 문화, 그리고 들리지 않는 말.
내가 아는 말이라곤 '커피 한잔 주세요(Un café, SVP)'뿐.
프랑스에서 '커피 한잔'은 '에스프레소'였다.
난생처음 마시는 '커피 한잔'은 독약보다 쓴맛이었다.

날씨는 춥고, 배는 고프고, 잔뜩 주눅 들어 있었다.
불어 알파벳은 거미줄처럼 내 입을 봉했고
벌떼처럼 귓가에서 웅웅거리고 있었다.
처음으로 고향이 그리웠다.
벽에 붙어 있는 세계언어지도를 짚어가며 '꼬레'를 찾았다.
거대한 중국 땅 옆에 조그맣게 붙어있는 내 조국-꼬레였다.

중국어, 영어, 불어-각 언어에는 고유의 색깔이 있었다.
나는 그때 알았다. 꼬레의 색깔이 초록색인 것을...
어머니의 혀(마더 텅) 한글의 색깔은 초록색-유일하였다.

지도에서 한글을 나타내는 초록색을 발견한 순간
주눅이 들어 쳐져 있던 내 어깨는 활짝 펴졌다.
-내게는 '어머니의 말'이 있다. 자유자재로 내 생각과 감정을
표현할 수 있는 말이 있다.
그 날의 발견은 경이로움 그 자체였다.

불어선생은 여전히 묘한 웃음을 날렸고
아, 베, 쎄, 데 알파벳은 귓가에서 웅웅거렸다.
- 나도 '어머니의 말'이 있어. '어머니의 말'을 하면 나도 당신
보다 잘할 수 있어.
불어 실력이 눈에 띄게 는 것은 그때부터였다.

우리는 늘 혼자다

어디 있소?

안위가 궁금한 게 아니다.
존재에 대한 근원적 물음도 아니다.
그저 확인하고 싶을 뿐이다.

사랑하오?

신에 대한 사랑을 말하는 게 아니다.
대상은 정해져 있다.
나만을 사랑하라고.

너에 대한 확인,
그리고 사랑은
나에 대한 지독한 집착이다.

함께 있어도 외로운
우리는
늘 혼자다.

Be the Reds!

세상 참 많이 변했다.
Be the Reds!
빨갱이가 되자니...

"나는 공산당이 싫어요!"
겁 없던 이승복이 환생하면
기겁을 할 테다.

뿔 달린 붉은 악마들이
잠실벌을 장악하고
서울시청광장을 붉게 물들이다니...

빨갱이의 '빨'자만 들어도
경기를 일으키던 '대한민국어버이들'께서도
다 함께

Be the Reds!

세상 참 많이 변했다.

공

둥글다는 이유로

차면 차는 대로
굴러간다는 이유로

날 차지 마.

처음부터 둥글지는 않았어.

차이다 보니
구르다 보니

둥글어 진거야.

말 없는 내가 고마우냐.

차면 차는 대로
구르면 구르는 대로

차는
너는 기쁘냐.

여행

익숙함이 싫어

미지의 세상에 대한
탐구와 도전

새로운 가능성의 모색

자아성찰

여행을 떠나는 형식상의 이유다.

왜 떠나는가.

불안하고 두렵기 때문에

남들은 떠나는 데
나만 남아 있는 것 같고

떠나지 않으면
도태될 것만 같아

여행을 떠나는 진짜 이유다.

여행마저도 자유가 아니라
강박이자 구속이 되어버린

현실

을 떠나자.

우리는 평생 남의 눈치만 보고 산다

남이 하니까

결혼하고
아이를 낳는다.

큰 차를 사고
큰 집에 산다.

해외여행을 가고
똑같은 명품을 산다.

나를 내세우는 것은 어리석다.
이 땅에서.

우리는
평생 남의 눈치만 보고 산다.